Die schönsten Osterbräuche

Jan Thorbecke Verlag

Inhalt

Ostern feiern

Jedes Jahr im Frühjahr feiern wir Ostern. Jetzt haben die bunten Eier und die fröhlichen Osterhasen und Osterlämmer Hochsaison – sehr zur Freude der Kinder. Das Osterfest ist ein christliches Fest. Es erinnert an die Kreuzigung und Auferstehung von Jesus, was nach der Bibel während des jüdischen Passah-Festes stattfand. Und weil das Passah-Fest traditionell im Frühling gefeiert wurde, um an die Befreiung der Israeliten aus Ägypten zu erinnern, feiern auch wir Ostern im Frühling. Der Termin für das Osterfest wird durch den Mond bestimmt – der Ostersonntag fällt immer auf den Sonntag nach dem ersten Frühlingsvollmond. Damit liegt Ostern also zwischen dem 22. März und dem 25. April. Nach dem Ostertermin richten sich auch die Daten der anderen Feiertage des Osterfestkreises wie Christi Himmelfahrt und Pfingsten. Der Name Ostern kommt wahrscheinlich vom germanischen Wort *Austrō* („Morgenröte") und steht in Verbindung mit einem germanischen Frühlingsfest.

Fröhliche Ostern

Fröhliche Ostern

SER. 0. 908 No. 2620

6

Palmsonntag

Der Sonntag vor Ostern nennt sich Palmsonntag. An diesem Tag erinnern sich die Christen an Jesu Einzug in Jerusalem. Damals legten die Menschen zu seinen Ehren Palmzweige und Kleidungsstücke vor dem Messias auf die Straßen. Im Christentum band man zum Gedenken daran die sogenannten Palmbuschen, für die traditionell Palmkätzchen (also die Blüten der Sal-Weide), Buchsbaum, Stechpalme und Wacholder verwendet werden. Oft werden diese auch noch mit Bändern, Früchten oder gefärbten Eiern geschmückt. In Prozessionen ziehen die Menschen damit zur Kirche, wo die Palmbuschen geweiht werden. Sie sollen im kommenden Jahr für Segen und Schutz sorgen.

Weil Jesus bei seinem Einzug in Jerusalem auf einem Esel ritt, spielt auch der Palmesel am Palmsonntag eine Rolle: Bei den Prozessionen führte man oft einen echten oder einen hölzernen Esel mit. In manchen Gegenden nennt man denjenigen, der am Palmsonntag als letzter aufsteht, oder denjenigen, der zuletzt mit dem Palmbuschen in die Kirche kommt, den Palmesel.

Ostern

Wenn die Schokolade keimt,
Wenn nach langem Druck bei Dichterlingen
„Glockenklingen" sich auf „Lenzesschwingen"
Endlich reimt
Und der Osterhase hinten auch schon preßt,
Dann kommt bald das Osterfest.

Und wenn wirklich dann mit Glockenklingen
Ostern naht auf Lenzesschwingen, –
Dann mit jenen Dichterlingen
Und mit deren jugendlichen Bräuten
Draußen schwelgen mit berauschten Händen –
Ach, das denk ich mir entsetzlich,
Außerdem – unter Umständen – Ungesetzlich.

Aber morgens auf dem Frühstückstische
Fünf, sechs, sieben flaumweich gelbe frische
Eier. Und dann ganz hineingekniet!
Ha! Da spürt man, wie die Frühlingswärme
Durch geheime Gänge und Gedärme
In die Zukunft zieht
Und wie dankbar wir für solchen Segen
Sein müssen.
Ach, ich könnte alle Hennen küssen,
Die so langgezogene Kugeln legen.

Joachim Ringelnatz

Osterhase

Kein Ostern ohne die beliebten Hasen aus Schokolade in allen erdenklichen Formen und Geschmacksrichtungen! Traditionell ist es heute der Osterhase, der den Kindern die bunt gefärbten Eier bringt. Doch früher musste sich der langohrige Geselle noch mit allerlei Konkurrenz herumschlagen: Je nach Gegend waren es neben dem Hasen nämlich auch der Fuchs, der Kuckuck, fliegende Glocken, der Storch oder der Hahn, welche die Eier brachten. Warum der Osterhase ausgewählt wurde, ist nicht sicher. Man vermutet aber, es könnte damit zu tun haben, dass sowohl der Hase als auch das Ei als Symbole für Fruchtbarkeit und Auferstehung gelten. Schon bei den Germanen soll der Hase mit Frühlingsfesten verbunden gewesen sein. Aber natürlich war der Hase auch eine ganz praktische Möglichkeit, den Kindern zu erklären, warum Ostereier so anders aussehen als die normalen Hühnereier. Diese bringt nämlich der Osterhase, was er eben nur einmal im Jahr zu Ehren des Osterfestes tut.

11

Fliegende Glocken

Vom Gründonnerstag bis zur Osternacht schweigen traditionell die Kirchenglocken, vor allem in katholischen Gegenden. Zum Gedenken an das Leiden und Sterben von Jesus werden die Glocken dann nicht geläutet. Die Menschen glaubten früher, das läge daran, dass die Glocken in dieser Zeit nach Rom flögen, um zu beichten. Damit trotzdem niemand die Gebets- und Andachtszeiten verpasste, zogen Kinder mit hölzernen Ratschen und Klappern durch die Straßen. In der Osternacht läuten dann erstmals die Glocken wieder – alle gemeinsam – und verkünden die Freude über die Auferstehung Jesu. In manchen Gegenden erzählte man den Kindern, es seien die Glocken, die auf ihrem Rückweg aus Rom die bunten Eier und Geschenke für die Kinder versteckten. Inzwischen kennt man die Glocken als Geschenkebringer aber kaum noch – der Osterhase hat sich als Gabenspender durchgesetzt.

Osterbrunnen

Viele Menschen kennen die wunderschön mit unzähligen bunten Eiern, Girlanden, grünen Zweigen und hübschen Bändern geschmückten Brunnen, die zur Osterzeit in vielen Dörfern und Städtchen zu finden sind. Oft haben die Verzierungen die Form einer Krone und werden daher auch Osterkrone genannt. Der Brauch, Brunnen österlich zu schmücken, ist ein relativ junger, etwas mehr als hundert Jahre alter Brauch, der wahrscheinlich von Anfang an als Besucherattraktion dienen sollte. Vielleicht wollte man auch auf die Bedeutung des Wassers hinweisen, denn in der Fränkischen Schweiz, wo der Brauch vermutlich entstanden ist, war seit jeher das Wasser knapp. Die Brunnen werden meist am Palmsonntag geschmückt und tragen ihre bunte Pracht bis etwa zwei Wochen nach Ostern. Sie sind in jedem Fall einen Besuch wert.

Osterhas

Sprang der Osterhas
Durch die grünende Welt;
Kinder und Verliebte
Suchten im sonnigen Feld.

Welch ein schönes Nest
Hat mein Liebchen entdeckt!
Unterm Veilchenbusch
Fein war es versteckt.

Viele schöne Eier
Lagen glänzend drin,
Und mein jubelndes Liebchen
Kauerte neben es hin.

„Eier rosenrot!
Eier himmelblau!
Keins von ihnen schwarz!
Keins von ihnen grau!"

Die rosenroten
Waren voll Küsse;
Die himmelblauen
Waren voll Lieder; –
Und Dämmerung ward es,
Eh' wir nach Haus kamen!

Wilhelm Raabe

Eier suchen

Der Höhepunkt des Osterfestes — vor allem für die Kinder — ist natürlich das Suchen der Osternester. In die Nester werden Süßigkeiten wie Ostereier oder Hasen aus Schokolade, Marzipan oder Zucker gelegt. Bunt gefärbte, hart gekochte Eier gehören auch dazu, die wegen ihrer bunten Farbe natürlich in den Augen der Kinder viel besser schmecken als normale Eier. Die Nester werden heimlich von den Eltern versteckt — bei schönem Wetter im Garten. Den Kindern erzählen die Eltern, dass der Osterhase die Eier dort verteilt hat — früher waren es je nach Region z.B. auch die Kirchenglocken, der Osterfuchs oder der Osterkuckuck. Egal wer der Gabenbringer war — in jedem Fall ist der Jubel groß, wenn die besonderen Süßigkeiten, die es nur zu Ostern gibt, von ihren Findern entdeckt werden. Aus den verschiedenen Ecken tönen dann Freudenschreie und künden an, dass wieder jemand ein für ihn bestimmtes Nest oder Geschenk gefunden hat. Ein Riesenspaß für Jung und Alt!

Eier färben

Ostern ohne gefärbte Eier ist heute schlichtweg nicht vorstellbar. Warum man allerdings die Eier traditionell bunt einfärbt, kann man nicht genau sagen. Sicher ist jedenfalls, dass Eier schon beim Passah-Fest oder bei Frühlingsfesten der Antike eine Rolle spielten. Im Christentum war der Verzehr von Eiern während der Fastenzeit verboten. Die in dieser Zeit gelegten Eier wurden durch Kochen haltbar gemacht. Und weil man sich an Ostern so sehr darüber freute, dass Eier jetzt wieder erlaubt waren, brachte man diese in die Kirche, ließ sie weihen und verschenkte sie an Freunde und Familie. Oft war auch an Ostern ein Zins in Form von Eiern fällig. Daher färbte man in manchen Gegenden Eier rot ein, um unterscheiden zu können, welche man behalten durfte und welche als Steuer abgegeben werden mussten.

Heute werden die Eier natürlich aus optischen Gründen bunt eingefärbt. Dabei sind der Fantasie beim Verzieren keine Grenzen gesetzt: Es gibt Eier in allen Farben, mit Pflanzenfarben oder den leuchtenderen künstlichen Farben gefärbt, in Kratz- oder Batiktechnik, mit Mustern bemalt, marmoriert, ausgeblasen oder hartgekocht …

Eierlaufen

Beim Eierlaufen oder Eierrennen geht es darum, ein auf einen Suppen-löffel gelegtes Ei möglichst schnell an ein vorher festgelegtes Ziel zu brin-gen. Hier ist natürlich Geschicklichkeit im Balancieren gefragt. Verwen-det werden rohe oder gekochte Eier, wobei es bei rohen Eiern nicht ohne Flecken auf der Kleidung abgeht. Je nach Regeln dürfen die Eier manch-mal, sofern sie heil geblieben sind, nach einem Absturz wieder auf den Löffel gelegt werden, was natürlich Zeit kostet. Sieger ist derjenige, der mit unversehrtem Ei am schnellsten die Ziellinie erreicht. Besonders viel Spaß macht es, das Eierlaufen in Form eines Staffellaufes zu spielen, bei dem die Eier immer an den Nächsten übergeben werden müssen. Auch hier gewinnt die Mannschaft, deren letzter Läufer mit heil gebliebenem Ei am schnellsten die Ziellinie überschreitet.

Eierrollen

Das Eierrollen oder Eierschieben ist in manchen Gegenden ein beliebtes Osterspiel. Es geht darum, Eier einen Hang hinunterrollen zu lassen. Um den Sieger zu bestimmen, gibt es verschiedene Möglichkeiten: Gewinner kann derjenige sein, dessen Ei am weitesten rollt. Oder es kann derjenige sein, dessen Ei die Prozedur am besten überstanden hat oder der am Ende des Spiels die meisten unversehrten Eier übrig hat. Mancherorts werden die Eier nicht gerollt, sondern geworfen, wobei dann derjenige gewinnt, dessen Ei am weitesten geflogen ist oder dessen Ei den Wurf am besten überstanden hat.

22

Auß ein Ei geschrieben

Ostern ist zwar schon vorbei,
Also dies kein Osterei;
Doch wer sagt, es sei kein Segen,
Wenn im Mai die Hasen legen?
Aus der Pfanne, aus dem Schmalz
Schmeckt ein Eilein jedenfalls,
Und kurzum, mich tät's gaudieren,
Dir dies Ei zu präsentieren,
Und zugleich tät es mich kitzeln,
Dir ein Rätsel drauf zu kritzeln.

Die Sophisten und die Pfaffen
Stritten sich mit viel Geschrei:
Was hat Gott zuerst erschaffen,
Wohl die Henne? wohl das Ei?

Wäre das so schwer zu lösen?
Erstlich ward ein Ei erdacht:
Doch weil noch kein Huhn gewesen,
Schatz, so hat's der Has gebracht.

Eduard Mörike

Eiertitschen

Eiertitschen oder Eierticken ist ein Spiel, das oft in Familien beim Osterfrühstück gespielt wird. Jeder hat ein hart gekochtes, am besten auch bemaltes Ei. Reihum stoßen nun die Mitspieler ihre Eier mit der Spitze aneinander, bis eines der beiden Eier zerbricht. Sieger ist am Ende derjenige, dessen Ei als letztes noch heil ist. Je nachdem, wie man den Brauch handhabt, darf manchmal der Sieger jedes Zweikampfes auch das eigene Ei und das des Gegners behalten. In manchen Gegenden muss man auch das Ei zweimal anstoßen – zuerst die beiden Spitzen aneinander und anschließend die beiden runden Enden.

Osterlachen

Ostern ist ein Fest der Freude und des Lachens. Das war auch früher schon so, denn sogar während des Gottesdienstes durfte und sollte gelacht werden. Während der Karfreitag für Christen ein Tag großer Trauer ist, ist am Ostersonntag die Freude groß, denn Jesus ist auferstanden und hat damit den Tod besiegt. Um diese Osterfreude am besten zum Ausdruck zu bringen, erzählte der Pfarrer, vor allem im bayerischen Raum, während der Predigt die sogenannten Ostermärchen – lustige Geschichten, welche die Gläubigen zum Lachen bringen sollten. Das war natürlich auch eine Möglichkeit, Kritik an den Obrigkeiten auf lustige Art zum Ausdruck zu bringen, ähnlich wie im Karneval. Bisweilen konnte es in der Kirche dabei richtig derb zugehen. Heute wird dieser Brauch der lustigen Osterpredigt kaum noch ausgeübt, aber die Osterfreude und das (Kinder-)Lachen an Ostern sind geblieben.

Osterspaziergang

Vom Eise befreit sind Strom und Bäche
Durch des Frühlings holden, belebenden Blick;
Im Tale grünet Hoffnungsglück;
Der alte Winter, in seiner Schwäche,
Zog sich in rauhe Berge zurück.
Von dorther sendet er, fliehend, nur
Ohnmächtige Schauer kornigen Eises
In Streifen über die grünende Flur;
Aber die Sonne duldet kein Weißes,
Überall regt sich Bildung und Streben,
Alles will sie mit Farben beleben;
Doch an Blumen fehlt's im Revier
Sie nimmt geputzte Menschen dafür.
Kehre dich um, von diesen Höhen
Nach der Stadt zurückzusehen.
Aus dem hohlen finstern Tor
Dringt ein buntes Gewimmel hervor.
Jeder sonnt sich heute so gern.

Sie feiern die Auferstehung des Herrn,
Denn sie sind selber auferstanden,
Aus niedriger Häuser dumpfen Gemächern,
Aus Handwerks- und Gewerbesbanden,
Aus dem Druck von Giebeln und Dächern,
Aus der Straßen quetschender Enge,
Aus der Kirchen ehrwürdiger Nacht
Sind sie alle ans Licht gebracht.
Sieh nur, sieh! wie behend sich die Menge
Durch die Gärten und Felder zerschlägt,
Wie der Fluß, in Breit und Länge
So manchen lustigen Nachen bewegt,
Und bis zum Sinken überladen
Entfernt sich dieser letzte Kahn.
Selbst von des Berges fernen Pfaden
Blinken uns farbige Kleider an.
Ich höre schon des Dorfs Getümmel,
Hier ist des Volkes wahrer Himmel,
Zufrieden jauchzet groß und klein:
Hier bin ich Mensch, hier darf ich's sein!

Johann Wolfgang von Goethe

Fröhliche Oste

Osterfeuer

In der katholischen Liturgie wird in der Osternacht das Osterfeuer entzündet, das damit Teil des Gottesdienstes ist und daran erinnern soll, dass
Christus mit seiner Auferstehung Licht in das Dunkel gebracht hat. Viel
bekannter sind aber die Osterfeuer, die in vielen Gegenden an Ostern
veranstaltet werden. Vor allem in ländlichen Gegenden ist es Brauch,
schon Wochen vor Ostern brennbares Material zu sammeln und auf
großen Stapeln anzuhäufen. Diese werden dann an Ostern angezündet,
wobei natürlich das Ziel ist, ein größeres Feuer als die Nachbargemeinde vorweisen zu können. Manchmal versuchen Jugendliche der anderen
Dörfer heimlich den Holzstapel schon vor Ostern anzuzünden, weshalb die
Stapel bewacht werden müssen. Die Wachen müssen auch darauf achten,
dass sich nicht kleine Tiere im Holz einnisten, die dann mit verbrennen
könnten. Osterfeuer dienten früher dazu, Dämonen und Hexen zu ver-
treiben, weshalb auf manchen Feuern noch immer eine hölzerne Hexen-
puppe verbrannt wird. Heute sind sie vor allem gesellige Treffen für die
Gemeinden.

Osterkerze

Die Osterkerze ist eng mit dem kirchlichen Osterfeuer verbunden. Meist wird noch vor der Kirche die Osterkerze am geweihten Osterfeuer entzündet. Anschließend trägt der Priester oder Diakon die Kerze in den noch dunklen Kirchenraum, was symbolisch dafür steht, dass Christus das Dunkel der Welt erleuchtet hat und dass nun der Tod (Dunkelheit) durch die Auferstehung Christi (Licht) besiegt wurde. In der Kirche können die Gemeindemitglieder ihre eigenen Kerzen an der Osterkirche entzünden und anschließend das gesegnete Feuer an andere weitergeben. Ihren Ursprung hat die Osterkerze sowohl im jüdischen Glauben als auch in heidnischen Brandopfern an die Götter, ist aber schon sehr früh auf das Christentum übertragen worden.

Osterlamm

Jeder kennt die Osterlämmer, die mit Hilfe von speziellen Formen aus Teig gebacken und mit Puderzucker bestäubt werden. Oft findet man sie in der Osterzeit als besondere Leckerei in den Bäckereien. Es ist Brauch, diese Lämmer an Ostern in der Kirche weihen zu lassen und anschließend zum Osterfrühstück zu verzehren. Sie stehen symbolisch dafür, dass Jesus den Opfertod am Kreuz gestorben ist. Zum Zeichen seines Sieges über den Tod bekommen die Lämmer manchmal noch eine Siegesfahne angesteckt. Das Lamm kommt schon im Alten Testament als Opfertier vor, wo es beispielsweise mit der Befreiung der Juden aus Ägypten in Verbindung steht. Die Bedeutung als Opferlamm wurde dann später sinnbildlich auf Jesus übertragen. Aus diesem Grund isst man traditionell an Ostern Lammbraten.

Osterprozession

Vor allem in katholischen Ländern wie Italien, Spanien und Guatemala, aber auch in verschiedenen Gegenden im deutschsprachigen Raum gehören Prozessionen, die meist am Karfreitag stattfinden, zur österlichen Tradition. In Rom beispielsweise schreitet der Papst unter Begleitung zahlreicher Gläubiger die Stationen eines Kreuzweges am Kolosseum ab. In Andalusien finden während der kompletten Semana Santa, der „Heiligen Woche" von Palmsonntag bis Ostersonntag, zahlreiche Prozessionen statt. Die wichtigste wird am Karfreitag abgehalten. Die Teilnehmer der Prozessionen hüllen sich teilweise in lange Gewänder und tragen spitze Hauben, die nur Sehschlitze für die Augen freilassen. Begleitet wird die Prozession von Marschmusik. Diese Schauspiele locken jedes Jahr aufs Neue viele Zuschauer von nah und fern an.

Osterreiten

Eine besondere Form der Osterprozession ist das Osterreiten, auch Osterritt genannt, das vor allem in Gemeinden der Ober- und Niederlausitz sowie in Bayern eine Rolle spielt. Es ist ein großes Ereignis mit vielen Mitreitern und Zuschauern, bei dem die Pferde und Reiter prächtig herausgeputzt werden. Mähnen und Schweife der Pferde werden kunstvoll eingeflochten und mit Schleifen, Bändern und Blumen verziert. Beim Osterreiten geht es darum, Jesu Auferstehung zu verkünden. In der Oberlausitz reiten daher die Männer singend und betend in eine Nachbargemeinde, um dieser die frohe Botschaft zu übermitteln. Gleichzeitig statten meist die Männer der Nachbargemeinde einen Gegenbesuch ab, wobei sich beide Prozessionen unterwegs nicht begegnen dürfen. Am Zielort werden die Besucher bewirtet und erhalten den priesterlichen Segen.

Osterblumen

Wie untrennbar Ostern und Blumen miteinander verbunden sind, zeigt sich schon daran, dass es für die zur Osterzeit blühenden Blumen ein eigenes Wort gibt: Osterblume. Kein Wunder, denn nach der langen Winterzeit freuen sich die Menschen nun an den ersten Frühlingsblumen wie Tulpen, Gänseblümchen, Veilchen, Buschwindröschen, Ranunkeln und natürlich der einen, die Ostern bereits in ihrem Namen hat: die Osterglocke. So gehört ein Strauß mit Frühlingsblumen neben der typischen Osterdekoration aus Eiern, Hasen und Lämmern in fast allen Familien auf den österlich gedeckten Tisch. Symbolisch stehen die Blumen für die Auferstehung Christi, denn so wie Jesus den Tod überwunden hat, hat der Frühling den Winter besiegt und ermöglicht der Natur nun neues Leben.

VERLAGSGRUPPE PATMOS

PATMOS
ESCHBACH
GRÜNEWALD
THORBECKE
SCHWABEN

Die Verlagsgruppe
mit Sinn für das Leben

FSC
www.fsc.org
MIX
Papier aus verantwor-
tungsvollen Quellen
FSC® C028513

Für die Schwabenverlag AG ist Nachhaltig-
keit ein wichtiger Maßstab ihres Handelns.
Wir achten daher auf den Einsatz umwelt-
schonender Ressourcen und Materialien.

© 2016 Jan Thorbecke Verlag der
Schwabenverlag AG, Ostfildern
www.thorbecke.de

Gestaltung: Saskia Bannasch,
Finken & Bumiller, Stuttgart
Druck: Neue Süddeutsche Verlags-
druckerei, Ulm
Hergestellt in Deutschland
ISBN 978-3-7995-1010-3

Bildnachweis:
akg-images: Umschlagabbildung, S. 5, 6, 35;
mauritius images / imageBROKER /
bilwissedition: S. 9, 11, 17, 27, 30/31, 39;
mauritius images / dieKleinert: S. 14;
akg-images / Universal Images Group /
Universal History Archive: S. 18;
mauritius images / JT Vintage: S. 22/23.